Inhalt

Umgang mit Sachtexten – Wale und Delfine

Autorin: Angelika Kreische

Visualisieren und recherchieren

Autor: Hennes Weiß

01 Fragen zu Walen

Brainstorming: Bei einem Brainstorming darfst du alle Ideen, die dir zu einem Thema in den Sinn kommen, notieren und anderen vorstellen.

Der Blauwal ist das schwerste Tier, das je auf der Erde gelebt hat.

Er kann 33 m lang werden und bis zu 150 Tonnen wiegen.

Da der Mensch den Blauwal früher stark gejagt hat, stand er schon kurz vor dem Aussterben.

1 EA

Wir beginnen das Thema „Wale“ mit einem Frage-Brainstorming.
Dazu notierst du dir zunächst, was du über Wale wissen möchtest.

2 GA

Bildet Gruppen nach dem Zufallsprinzip und stellt euch gegenseitig eure Ideen vor.
Notiert drei Fragen zum Thema Wale auf Kärtchen (eine Frage pro Karte).

3 GA

Ordnet eure Fragen nach einzelnen Bereichen, z.B. Lebensraum, Aussehen der Wale, Nahrung der Wale. Tragt eure Ergebnisse anschließend in der Klasse vor.

EA = Einzelarbeit
PA = Partnerarbeit
GA = Gruppenarbeit
PL = Plenum

02 Geschichten zu Walbildern erzählen

1 GA

Als Vorbereitung auf die heutige Stunde hat jeder eine Zeichnung angefertigt oder ein Foto zum Thema Wale mitgebracht. Stellt euch in Zufallsgruppen gegenseitig eure Zeichnungen oder Fotos vor. Denkt euch nun gemeinsam eine Geschichte aus, in der jede Zeichnung/jedes Foto eine Rolle spielt.

Stellt eure Geschichte anschließend in der Klasse vor. Achtet darauf, dass jedes Gruppenmitglied präsentiert und alle Zeichnungen/Fotos berücksichtigt werden.

Zusatzaufgabe:
Erstellt in Gruppenarbeit eine Collage zum Thema „Der Wal in der Natur“ oder „Wal und Mensch“. Stellt eure Collagen in der Klasse vor und überlegt gemeinsam, was an den jeweiligen Collagen gut und was weniger gut gelungen ist.

Mir hat die Collage von .... gut gefallen, weil

Mir hat die Collage von .... gut gefallen, weil

Worauf man beim Erstellen von Collagen achten sollte:

Wusstest du, dass es Wale gibt, die einen Stoßzahn besitzen?
Bei den **Narwalmännchen** ist der linke Vorderzahn bis zu 3 m lang und wird bei Kämpfen mit Rivalen eingesetzt. Narwalweibchen besitzen diesen Zahn nicht. Narwale leben in kleinen Gruppen in den nördlichen Polarmeeren. Sie jagen Heringe und Dorsche.

Tipp:
Wie Collagen gestaltet werden, kannst du auf Seite 16 nachlesen.

EA = Einzelarbeit
PA = Partnerarbeit
GA = Gruppenarbeit
PL = Plenum

03 Texte mit W-Fragen „knacken“

Ist ein Wal ein Fisch?

Ein Wal lebt im Wasser und ist an diese Umgebung perfekt angepasst. Er besitzt eine große Schwanzflosse, Rückenflossen und Vorderflossen (die sogenannten „Flipper“). Seine Körperform ist der eines großen Fisches – dem Walhai – sehr ähnlich. Ist der Wal daher ein Fisch? Nein, denn trotz dieser Gemeinsamkeit gibt es wichtige Unterschiede, die beweisen, dass ein Wal ein Säugetier und kein Fisch ist.

Ein Wal ist im Gegensatz zum Fisch gleichwarm. Das bedeutet, dass er eine gleich bleibende Körpertemperatur hat, die unabhängig von der Temperatur der Umgebung ist. Er besitzt Ohren, etwas Haar, eine weiche Haut und atmet Luft durch seine Nase, die „Blaslöcher“, ein. Seine Jungen bringt der Wal lebend zur Welt, ernährt sie mit Muttermilch und versorgt sie ein Jahr lang oder länger.

Ein Fisch hingegen ist wechselwarm. Das bedeutet, dass seine Körpertemperatur sich an die seiner Umgebung anpasst und sich dementsprechend verändern kann. Der Körper eines Fisches ist von Schuppen bedeckt. Er atmet den im Wasser gelösten Sauerstoff durch Kiemen ein. In der Regel legt der Fisch Eier, aus denen die Jungfische schlüpfen. Fische kümmern sich im Allgemeinen nicht um ihren Nachwuchs.

Wal und Fisch unterscheiden sich zudem in der Art, sich zu bewegen: Der Wal bewegt seine Schwanzflosse auf und ab. Der Fisch schlägt seine Schwanzflosse hin und her – von einer Seite zur anderen.

Es gibt ungefähr 80 verschiedene Walarten. Sie unterscheiden sich in Form, Farbe und Größe. Die Wissenschaftler bezeichnen alle Waltiere, zu denen Wale, Delfine und Schweinswale gehören, mit dem Begriff „Cetacea“ (Walartige).

Cetacea stammt vom lateinischen Wort „cetus“. Das bedeutet *großes Meerestier*.

1 EA

Markiere folgende Begriffe: Wasser, gleichwarm, wechselwarm, Haut, Schuppen, Blaslöcher, Kiemen.

2 PA

Beantwortet die folgenden Fragen in vollständigen Sätzen.
Welche Tiere werden in diesem Text näher beschrieben?

____

____

Wo leben diese Tiere?

____

____

Was sind die wichtigsten Erkennungszeichen eines Wales?

____

____

____

____

Wenn du einen unbekannten Text verstehen willst, stellst du **W-Fragen** an diesen Text. Sie lauten: Wer? Wie? Wann? Was? Wo? Warum? Welche Folgen?

Diese Fragen helfen dir, wichtige Wörter zu erkennen – die **Schlüsselwörter.** Sie sind dein „Schlüssel“ zu den Antworten der W-Fragen.

Beachte: Nicht immer kannst du alle W-Fragen beantworten.

EA = Einzelarbeit
PA = Partnerarbeit
GA = Gruppenarbeit
PL = Plenum

Was sind die wichtigsten Erkennungszeichen der Fische?

3 PL

Präsentiert eure Arbeitsergebnisse im Plenum. Achtet darauf, dass wichtige Begriffe des Textes in den Antworten enthalten sind.

4 GA

Lest euch den folgenden Text durch und stellt anschließend drei W-Fragen, die helfen, den Inhalt des Textes zu entschlüsseln.

Wie ein Wal atmet

Ein Wal atmet wie wir Menschen mit Lungen. Unter Wasser kann ein Wal nicht atmen. Deshalb muss er in bestimmten Abständen an die Wasseroberfläche kommen, die verbrauchte Luft ausblasen und frische Luft für den nächsten Tauchgang einsaugen. Dieses Ein- und Ausatmen geschieht nicht durch das Maul des Wales, sondern durch seine besondere Nase – die „Blaslöcher". Diese sitzen auf dem Kopf und sind während des Tauchgangs fest verschlossen. Taucht der Wal an der Wasseroberfläche auf, öffnen sich die Blaslöcher und der Wal stößt explosionsartig die verbrauchte Atemluft aus und atmet Frischluft ein. Da die ausgeatmete Luft schnell abkühlt, ist sie für uns als Nebelfontäne sichtbar. Die Nebelfontänen sehen bei jeder Walart anders aus: bei Finnwalen steigen sie steil nach oben, bei Pottwalen gehen sie nach links, bei Grönlandwalen sehen sie v-förmig aus.

?

?

?

5 PL

Stellt euch in der Klasse gegenseitig eure Fragen und beantwortet sie.
Achtet dabei auf Folgendes:
- Sind die Fragen so gestellt, dass der Text durch die Antworten besser zu verstehen ist?
- Sind die Antworten so formuliert, dass sie mit dem Text belegt werden können?

Pottwale und alle Delfine sind **Zahnwale**. Sie mögen Fische, Tintenfische und Robben. Da sie in Gruppen jagen, können die Beutetiere auch größer sein als sie selbst.

Wusstest du, dass ein **Pottwal** seinen Atem bis zu zwei Stunden anhalten kann und so bis ca. 3000 m tief tauchen kann? Ein **Delfin** taucht immer nur ganz kurz und kann seinen Atem nur zwischen 10 Sekunden und 2 Minuten anhalten.

Zu den **Bartenwalen** zählen Blauwal, Buckelwal, Glattwal und Grönlandwal. Sie nehmen zum Fressen mehrere Badewannenfüllungen Wasser auf einmal auf, drücken das Wasser dann durch die Barten wieder nach draußen und filtern so das Plankton heraus, das in den Barten hängenbleibt.

EA = Einzelarbeit
PA = Partnerarbeit
GA = Gruppenarbeit
PL = Plenum

04 Wörter erschließen und Wichtiges markieren

Vom Land zum Meer – die Evolution der Wale

Es gibt viele Hinweise darauf, dass sich Wale aus vierbeinigen, fellbedeckten Landtieren entwickelt haben. Heute geht man davon aus, dass Flusspferde die nächsten lebenden Verwandten der Wale sind. Diese Auffassung wird durch zahlreiche Skelettfunde unterstützt. Sie zeigen, dass die Tiere, die zunächst an Land gelebt hatten, vor etwa 50 Millionen Jahren Schwimmhäute entwickelten und so die Urwale bildeten. Sie waren zwischen 1–21 m lang und glichen Schlangen oder Aalen. Sie verbrachten viel Zeit in flachen Küstengewässern. Da sie in den Meeren viel Nahrung fanden und besser geschützt waren als an Land, wagten sie sich immer weiter in die Ozeane, bis sie sie irgendwann gar nicht mehr verließen.

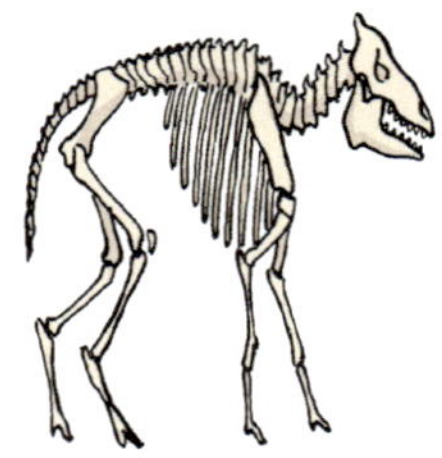

So wurden ihre Körper langgestreckt und stromlinienförmig. Der Hals wurde so dick wie der Kopf und ging direkt in die Schultern über. Bei den meisten Walen entwickelte sich eine Rückenflosse. Die Nase wurde zu Blaslöchern, die Ohrmuscheln verschwanden völlig. Die Vorderbeine entwickelten sich zu Flossen. Noch heute haben die Knochen der Wale den Ansatz einer fünffingrigen Hand. Die Hinterbeine verschwanden, um eine beweglichere Wirbelsäule zu ermöglichen, mit der das Schwanzschlagen zur Fortbewegung möglich wurde.

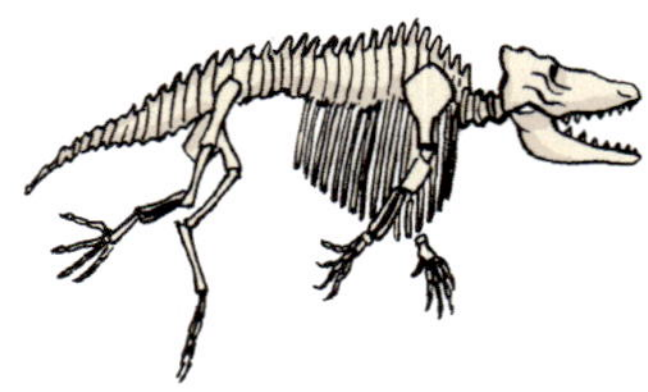

Alle heutigen Walarten stammen von den Zahn- und Bartenwalen ab. Zahnwale verfügten bereits damals über das für die heutigen Wale gute Gehör und ein Schallsystem, das man Echolokation nennt. Bartenwale entwickelten eine neue Ernährungsweise: Mit den Barten, das sind kammähnliche Filter, siebten sie aus dem aufgenommenen Wasser das Plankton.

Die direkten Vorfahren der heutigen Wale sind vermutlich in der Gruppe der Durodontinae zu finden, deren bekanntester Vertreter Dorudon vor ungefähr 25 Millionen Jahren lebte. Mit seinem stromlinienförmigen Körper, seiner Rückenflosse und den an der Oberseite des Kopfes liegenden Nasenlöchern sah er einem heutigen Delfin recht ähnlich.

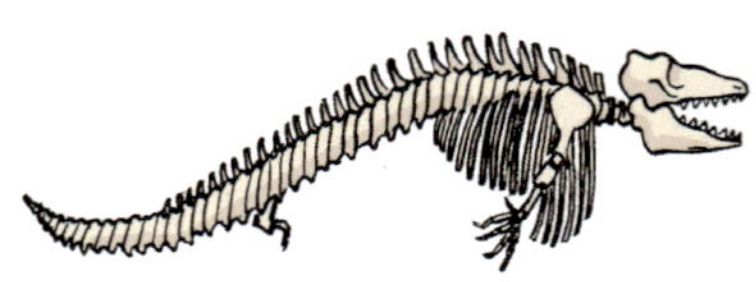

Heute sind Fossilien von ca. 1000 verschiedenen Walarten bekannt. Die meisten sind verschwunden, aber ihre Nachfolger bevölkern alle Ozeane.

1 EA

Lies dir den Text genau durch und unterstreiche unbekannte Wörter mit Bleistift. Setze an die Zeile, in der du ein unbekanntes Wort gefunden hast, mit Bleistift ein Fragezeichen.

2 PA

Schlagt die Wörter, die euch unbekannt sind, nach und schreibt jeweils eine Erklärung zu dem Wort in die Randspalte. Radiert eure Unterstreichungen und Fragezeichen weg.

EA = Einzelarbeit
PA = Partnerarbeit
GA = Gruppenarbeit
PL = Plenum

3 GA

Nehmt einen Bleistift und unterstreicht im Text die Informationen, die ihr zu den folgenden Fragen erhaltet. Schreibt eure Antworten auf.
Findet drei weitere Fragen, die der Text beantwortet. Stellt euch diese Fragen anschließend gegenseitig.

Aus welchen Tieren entwickelten sich vermutlich die Wale?

____

____

Wann entwickelten sich die Wale ungefähr?

____

____

Warum entwickelten sich die Wale zu Meeresbewohnern?

____

____

____

Wie veränderte sich das Aussehen der Wale im Wasser? Nenne drei Beispiele.

____

____

____

____

____

Wie heißen die Vorfahren der heutigen Wale?

____

____

4 EA

Radiere deine Unterstreichungen mit Bleistift aus. Markiere die wichtigsten Textstellen mit einem Textmarker und unterstreiche Zusatzinformationen mit Buntstift.

5 PL

Vergleicht eure Arbeitsergebnisse und überlegt gemeinsam, wie man wichtige Informationen aus einem Text entnehmen kann. Vervollständigt in euren Heften das „Rezept“.

Als Erstes lese ich mir den Text genau durch. Dann ...

Texte markieren in vier Schritten:

1. Lies den Text genau durch und verschaffe dir einen Überblick.
2. Unterstreiche unbekannte Wörter, schlage sie nach und schreibe eine Erklärung an den Rand.
3. Unterstreiche die wichtigen Textstellen, die die W-Fragen beantwortet.
   ABER: Markiere nie mehr als zwei zusammenhängende Zeilen, sonst wird es unübersichtlich!
4. Kennzeichne Schlüsselwörter mit einem Textmarker, die Zusatzinformationen mit Buntstift. Radiere deine Unterstreichungen mit Bleistift aus.

EA = Einzelarbeit
PA = Partnerarbeit
GA = Gruppenarbeit
PL = Plenum

05 Texte sinnvoll gliedern

Die kulturelle Bedeutung von Walen

☐ Die alten Griechen glaubten auch, die Welt sei eine Scheibe, von der man herunterfallen könnte. Die meisten Seeleute hatten große Angst vor den Walen – man hielt sie aufgrund ihrer Größe und ihren merkwürdigen Gesängen nämlich für Meeresungeheuer.

Im Mittelalter hielt man den Zahn des Narwals für das Horn des Einhorns und schrieb ihm magische Kräfte zu.

☐ Sie erzählt von Jonas und dem Wal: Jonas hörte nicht auf Gott und wurde zur Strafe von einem Wal verschlungen. Drei Tage verbrachte er im Bauch des Walfisches. Erst dann befahl Gott dem Wal, Jonas am Strand von Ninive wieder auszuspeien.

1 Wale ... schon immer beflügeln sie die Fantasie der Menschen. Angesichts ihrer Kraft und Größe ist das auch verständlich. In vielen Kulturen findet man Wandmalereien, Reliefs, Mythen und Legenden von Walen. Es gibt auch ein Sternbild, das den Namen „Walfisch“ trägt. Die Wale wurden als gute und böse Geister der Meere angesehen und es ranken sich viele Erzählungen um sie. Sogar in der Bibel gibt es eine Geschichte darüber.

☐ In der Antike galten Delfine als sympathische Wesen und viele Geschichten erzählen davon, wie sie als „Könige der Wassertiere“ Menschen aus Seenot retteten. Die Menschen der Antike waren von der Schnelligkeit, der Intelligenz, der Zutraulichkeit und den Sprüngen der Delfine beeindruckt. Im antiken Griechenland war das Töten eines Delfins ein genauso großes Verbrechen wie das Töten eines Menschen, weil man dachte, Delfine wären über Bord gegangene, verwandelte Seeleute.

1 EA

Lies dir die einzelnen Textbausteine genau durch. Bringe die einzelnen Textbausteine in eine sinnvolle Reihenfolge und ordne sie folgenden Überschriften zu:

☐ Wale als Ungeheuer

☐ Jonas und der Wal

☐ Delfine und ihre Bedeutung in der Antike

1 Wale in verschiedenen Kulturen

Unterstreiche unbekannte Wörter mit Bleistift. Setze an die Zeile, in der du ein unbekanntes Wort gefunden hast, ein Fragezeichen.

2 PA

Vergleicht eure Arbeitsergebnisse. Schlagt die Wörter nach, die euch unbekannt sind, und schreibt jeweils eine Erklärung zu dem Wort an den Rand.

EA = Einzelarbeit
PA = Partnerarbeit
GA = Gruppenarbeit
PL = Plenum

3 PA

Markiert die wichtigsten Textstellen (Schlüsselwörter) mit einem Textmarker und unterstreicht Zusatzinformationen mit Buntstift. Radiert eure Bleistiftmarkierungen weg.

Zusatzaufgabe
Formuliert allein, zu zweit oder in einer kleinen Gruppe zum Text „Die kulturelle Bedeutung von Walen" drei bis fünf Fragen, die euch helfen, den Text besser zu verstehen.
Stellt euch nun in der Klasse gegenseitig eure Fragen und beantwortet sie.
Achtet dabei wieder auf Folgendes:

- Sind die Fragen so gestellt, dass der Text durch die Antworten besser zu verstehen ist?
- Sind die Antworten so formuliert, dass sie mit dem Text belegt werden können?

?

?

?

?

?

4 GA

Lest euch noch einmal den Text „Vom Land zum Meer – zur Evolution der Wale" auf S. 6 durch und formuliert zu jedem Textabschnitt eine passende Überschrift, die den Inhalt des Abschnittes knapp zusammenfasst. Schreibt die Überschriften in eure Hefte.

5 PL

Präsentiert und vergleicht die Überschriften.

Eine Überschrift zu einem Textabschnitt ist dann besonders gelungen, wenn …

Zwischenüberschriften helfen dir, den Text in einzelne **Sinnabschnitte** zu gliedern. Mit der Zwischenüberschrift wird deutlich, worüber der einzelne Textabschnitt Auskunft gibt. Eine Zwischenüberschrift fasst also den Inhalt des Abschnittes knapp zusammen.

EA = Einzelarbeit
PA = Partnerarbeit
GA = Gruppenarbeit
PL = Plenum

06 Einen Spickzettel erstellen

Viele Großwale unternehmen unglaublich **lange Wanderungen**. Der Buckelwal schwimmt von der Antarktis nach Costa Rica oder Kolumbien; der Grauwal von Alaska nach Mexiko. Dabei legen sie 1,5–8 km pro Stunde zurück. Ein Finnwal legt sogar eine Strecke von knapp 4000 km mit 17 km pro Stunde zurück.

Wo Wale leben

In allen Ozeanen der Erde leben Wale. Viele Arten, z.B. der Blauwal, der Buckelwal und der Große Schwertwale, sind fast überall auf der Welt anzutreffen. Andere Arten hingegen kommen nur in bestimmten Gegenden vor: der Hecotor-Delfin lebt in den Küstengewässern bei Neuseeland, der Kalifornische Schweinswal in einem kleinen Teil des Golfs von Kalifornien. Manche Walarten bevorzugen tiefe Meeresgebiete, andere leben ausschließlich in der Nähe der Küsten oder in flachen Gewässern. Einige Arten wagen sich sogar bis in die Flüsse hinein. Allerdings gibt es nur wenige Arten, die im Süßwasser leben – die Flussdelfine.

Wo welche Wale leben, hängt von der Wassertemperatur ab. Manche Arten leben im Bereich des nördlichen oder südlichen Polarmeeres, andere in tropischen oder subtropischen Gewässern. Manchmal bilden die Landmassen natürliche Barrieren für die Verbreitung von einzelnen Walarten. So gibt es Wale, die nur im Atlantischen, Indischen oder Pazifischen Ozean vorkommen. Es gibt auch Wale, die zwischen einem Lebensraum, wo sie ihre Nahrung finden, und einem Lebensraum, wo sie sich fortpflanzen, hin- und herziehen.

In europäischen Gewässern leben insgesamt 32 Walarten, darunter 25 Zahnwale und sieben Bartenwale.

1 EA

Lies den obenstehenden Text genau durch, kläre unbekannte Wörter und markiere die Schlüsselwörter.

2 GA

Vergleicht in Zufallsgruppen eure Arbeitsergebnisse.

3 PA

Erstellt nun zu zweit einen Spickzettel (siehe Erklärung in der Randspalte). Erzählt euch gegenseitig den Inhalt des Textes mittels eurer Spickzettel.

Mit einem **Spickzettel** kannst du dir den **Inhalt** eines Textes gut **einprägen**. So kannst du dich immer daran erinnern, welche Informationen im Text standen.

Ein Spickzettel darf **maximal 10–15 Wörter, aber unbegrenzt Zeichen und Symbole** enthalten.

4 PL

Präsentiert alle Spickzettel in einem Museumsrundgang. Überlegt, wann Spickzettel besonders gelungen sind und warum sie nützlich sind. Notiert im Heft:

• Ein Spickzettel ist dann gelungen, wenn …	• Ein Spickzettel ist nützlich, weil …

EA = Einzelarbeit
PA = Partnerarbeit
GA = Gruppenarbeit
PL = Plenum

07 Informationen aus Texten zusammenfügen

1 EA

Lies den dir zugewiesenen Text genau durch, kläre unbekannte Begriffe, markiere wichtige Textstellen und erstelle einen Spickzettel.

2 GA

Ihr habt den selben Text bearbeitet. Vergleicht untereinander eure Arbeitsergebnisse. Überarbeitet gegebenenfalls eure Spickzettel.

3 GA

Stellt den Mitschülern der Gruppe, der ihr als Experte zugelost wurdet, den Inhalt eures Textes vor. Erstellt gemeinsam einen Spickzettel, der Informationen aus allen Texten enthält.

4 PL

Präsentiert und diskutiert eure Ergebnisse.

Die Ergebnisse folgender Gruppe(n) sind gelungen, weil …

Folgende(r) Spickzettel sollte überarbeitet werden, weil …

EA = Einzelarbeit
PA = Partnerarbeit
GA = Gruppenarbeit
PL = Plenum

08 Informationen aus Bild und Text entnehmen

Walfang

Wale haben wenige natürliche Feinde. Ihr Hauptfeind ist der Mensch. Vermutlich waren schon die Wikinger Walfänger. Jagden auf Wale, z.B. am Nordkap, sind seit 900 Jahren dokumentiert. Man jagte Wale in den vergangenen Jahrhunderten, weil ihr Körper wichtige Rohstoffe lieferte. Das Fleisch wurde gegessen, das Fett, die Haut, die Zähne und Knochen sowie andere Teile des Körpers dienten zur Herstellung verschiedener Produkte. Die Wikinger bauten aus Walwirbeln Stühle, die Bewohner der Faröer-Inseln stellten ihre Mauern aus Walschädeln her. Taschen, Schnürsenkel und Schuhe entstanden aus der Haut der Wale, die Sehnen dienten als Bespannung für Tennisschläger. Barten verarbeitete man zu Korsetts und Regenschirmen. Walöl verwendete man bei der Herstellung von Cremes, Lotionen und Lippenstiften. Das wichtigste Walprodukt war der fettreiche Tran, den man als Brennstoff für Kerzen und Lampen verwendete, ehe die Elektrizität erfunden wurde. Die Nachfrage nach diesem „flüssigen Gold" führte dazu, dass man immer neue Fangtechniken ersann, die das Töten der Tiere erleichterte. Die schlimmste Erfindung war die 1864 von dem Norweger Svend Foyn entwickelte Harpune, die nicht mit der Hand geworfen, sondern von einer Kanone abgefeuert wurde. Kurz nachdem der Wal von der Harpune getroffen wurde, explodierte in seinem Körper eine Granate. So hatten diese Tiere nicht die geringste Chance und viele, viele Arten wurden gejagt, bis sie nahezu ausgerottet waren.
Heute stehen viele Walarten unter Artenschutz, dennoch existieren nur noch 5–10% der ursprünglichen Großwalbestände. Für alle Erzeugnisse, die einst aus dem Fleisch, dem Fett, den Knochen, der Haut und anderen Teilen des Körpers der Wale gewonnen wurden, gibt es heute Ersatzstoffe.

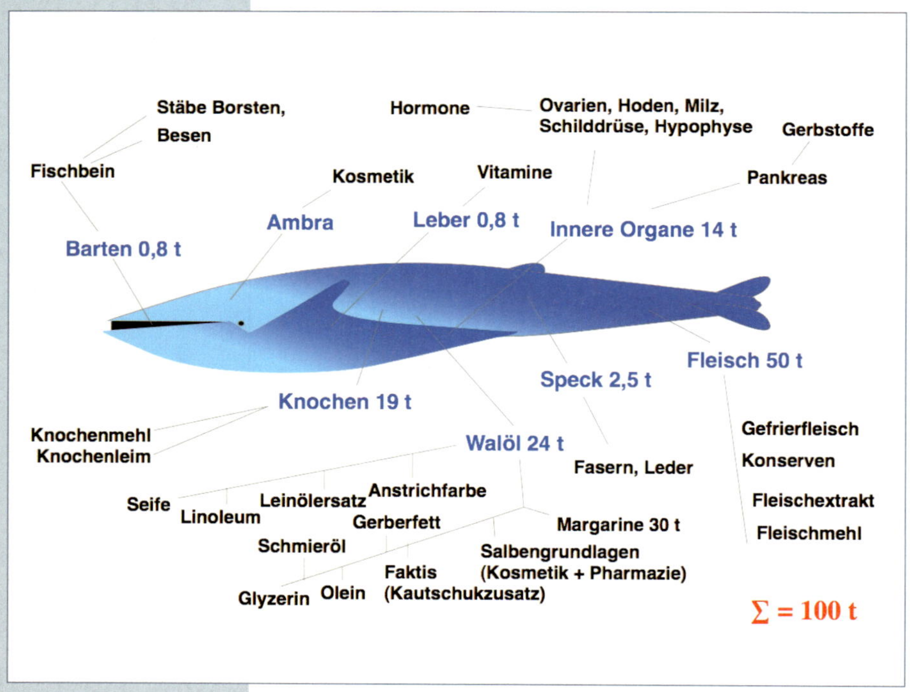

1 EA

Sieh dir das Bild genau an und lies dir den Text durch. Kläre unbekannte Begriffe und markiere die wichtigsten Informationen aus beiden Quellen.

2 PA

Notiert im Heft mindestens vier W-Fragen zum Text und zum Bild, die nicht mit „Ja" oder „Nein" beantwortet werden können. Schreibt auch die entsprechenden Antworten auf.

3 GA

Stellt euch eure Fragen und Antworten gegenseitig vor. Prüft, ob die Antworten richtig sind. Ergänzt und verbessert, wo es nötig ist.

4 PA

Führt paarweise Interviews zum Thema „Warum jagten Menschen Wale?". Dabei übernimmt abwechselnd einer die Rolle eines Kika-Reporters, der andere die eines Wissenschaftlers. Die einzelnen Rollen werden per Los zugewiesen. Denkt daran, dass mindestens ein Tandem sein Interview präsentieren muss.

09 Einen Sachtext umwandeln

Kids-for-Whales – zum Schutz der Wale

Seit 1980 ist die Jagd auf Großwale verboten. Manche Staaten, darunter Japan und Norwegen, unterlaufen dieses Verbot und machen nach wie vor heimlich Jagd auf die großen Meeressäuger. So werden in Japan Wale zu „wissenschaftlichen Zwecken" gefangen und getötet. Ihr Fleisch wird als Delikatesse für bis zu 250 € pro Kilo auf dem einheimischen Markt angeboten.

Die *Internationale Walfangkommission (IWC)* muss bei ihren jährlichen Tagungen entscheiden, ob das Walfangverbot weiter bestehen bleibt oder ob die Jagd auf bestimmte Walarten wieder eröffnet wird. Sie kümmert sich dabei ausschließlich um Großwale. Kleinwale wie Delfine, Weißwale, Schwertwale oder Tümmler sind von dem Verbot nicht betroffen und werden sehr viel gejagt.

Kids-for-Whales, eine aktive Kindergruppe der Umweltschutzorganisation *Greenpeace*, fordert die *Internationale Walfangkommission* immer wieder dazu auf, alle Wale ohne Einschränkung, d.h. auch kleine Wale und Delfine, zu schützen. Gleichzeitig soll ihrer Meinung nach auch der Meeresschutz auf die Agenda des *IWC* gesetzt werden. Sie möchten, dass sich die *IWC* zu einer Walschutzkommission entwickelt.

Bei ihren Aktionen gingen im Jahr 2000 *Kids-for-Whales* in vielen Ländern der Welt auf die Straße, um für Unterstützung beim Walschutz zu werben. Dazu boten sie „Walfleisch" (in roten Pflanzensaft getauchte Tofustücke) an und verteilten in den Fußgängerzonen der großen Städte Postkarten, auf denen Kinder und Erwachsene ihren Händeabdruck unter dem Motto „Hände weg von den Walen" hinterlassen konnten. Ihre Aktionen wurden von Walgesängen untermalt. Die Postkarten wurden bei der *IWC*-Tagung in Adelaide in Australien präsentiert. Allein in Deutschland nahmen über 100.000 Kinder im Alter von acht bis vierzehn Jahren an dem Projekt teil.

1 EA

Lies den Text genau durch, kläre unbekannte Begriffe und markiere wichtige Textstellen.

2 GA

Formuliert zum Text „*Kids-for-Whales* – zum Schutz der Wale" drei bis fünf W-Fragen, die euch helfen, den Text besser zu verstehen.

____ ?

____ ?

____ ?

EA = Einzelarbeit
PA = Partnerarbeit
GA = Gruppenarbeit
PL = Plenum

?

?

Tipps zur Plakatgestaltung findest du in diesem Heft auf den Seiten 17–21.

Stellt danach die Fragen in der Klasse vor bzw. beantwortet die Fragen anderer Gruppen.
Achtet dabei wieder auf Folgendes:

- Sind die Fragen so gestellt, dass der Text durch die Antworten besser zu verstehen ist?
- Sind die Antworten so formuliert, dass sie mit dem Text belegt werden können?

3 GA

Findet für die einzelnen Textabschnitte Teilüberschriften.

4 GA

Stellt euch vor, ihr würdet an einer Kundgebung gegen Walfang teilnehmen. Gestaltet gemeinsam ein Plakat zum Thema „Kids-for-Whales gegen Walfang".

5 PL

Betrachtet bei einem Museumsrundgang alle Plakate.
Wählt das „Plakat des Tages" und begründet eure Wahl.

Das Plakat folgender Gruppe soll das „Plakat des Tages" werden, weil …

EA = Einzelarbeit
PA = Partnerarbeit
GA = Gruppenarbeit
PL = Plenum

10 Das habe ich über Sachtexte gelernt

Du hast dich in den letzten Unterrichtsstunden mit Sachtexten beschäftigt. Nun sollst du überlegen, was du gut kannst und in welchen Bereichen du noch Schwierigkeiten hast. Die Arbeit mit Texten wird dir – nicht nur im Deutschunterricht – immer wieder begegnen. Auch außerhalb der Schule entnimmst du ständig Informationen aus verschiedenen Textquellen, z.B. aus Büchern, dem Internet oder aus Zeitschriften.
Deshalb: Sei ehrlich zu dir selbst und überprüfe kritisch, was du gelernt hast!

1 EA

Kreuze an, ob du die folgenden Arbeitstechniken gut beherrschst oder ob du noch üben musst. Notiere danach in Stichpunkten, was du dir merken musst.

Wie gut beherrsche ich folgende Arbeitstechniken?		Das kann ich gut.	Das muss ich noch üben.	Das muss ich mir merken:
01	W-Fragen beantworten			
02	W-Fragen formulieren			
04	unbekannte Begriffe klären			
05	wichtige Informationen aus Texten entnehmen			
06	Schlüsselwörter markieren			
07	Teilüberschriften finden			
08	einen Spickzettel anfertigen			
09	Informationen aus Bild und Text kombinieren			

2 PA

Geht gemeinsam die Tabelle durch. Macht euch bewusst, was ihr an Methoden, Tipps und Regeln zum Thema kennen gelernt habt. Was könnt ihr richtig gut? Was war neu für euch? Welche Fragen sind offengeblieben? Wo gibt es noch Schwierigkeiten?
Entwickelt gemeinsam für jeden von euch einen „Trainingsplan", aus dem klar ersichtlich wird, wie ihr eure Schwierigkeiten angehen werdet. Überlegt euch Übungsaufgaben. Notiert eure Überlegungen auf einem Zusatzblatt.

3 GA

Erläutert eure „Trainingspläne" in der Zufallsgruppe. Ergänzt eure Pläne um weitere Vorschläge und Tipps, die ihr für hilfreich und sinnvoll erachtet. Übertragt die Ergebnisse auf Folie oder einen Plakatbogen.

EA = Einzelarbeit
PA = Partnerarbeit
GA = Gruppenarbeit
PL = Plenum

01 Ich lasse Bilder sprechen

Collage
Technik, bei der durch Aufkleben/Bildbearbeitung verschiedener Teile ein neues Werk geschaffen wird. Eine Collage entsteht aus eigenen Texten, Zeitungsausschnitten, farbigem Papier und Fotografien.

Ein gute Collage lässt Bilder sprechen, ohne viele Worte zu gebrauchen. Überlege zuerst, welche Meinung du zum Thema hast. Suche dann Material, das deine Meinung ausdrückt. Aus vielen Teilen soll ein Gesamtbild entstehen, das den Betrachter über das Thema in deinem Sinn nachdenken lässt.

1 EA

Betrachte die Collage. Beschreibe, was dir gefällt und was dich stört.

2 PA

Erklärt euch gegenseitig, wie euch die Collage gefällt. Überlegt gemeinsam, warum der Künstler diese Collage erstellt hat. Bereitet euch darauf vor, ein gemeinsames Ergebnis in der Klasse vorzustellen. Ihr könnt dazu eure Aufzeichnungen nutzen und zusätzlich auf einer Folie notieren, was ihr herausgefunden habt.

3 PL

Einige Schüler eurer Klasse stellen ihre Ergebnisse vor. Stellt euch darauf ein, ihnen eine Rückmeldung zu geben. Haben die Mitschüler ihre Eindrücke und die Absicht des Künstlers ausreichend gut erläutert?

4 GA

Ihr möchtet einer Freundin erklären, wie man eine Collage erstellt. Notiert die zwei Satzanfänge mehrfach auf Satzstreifen und ergänzt sie. Bereitet mehrere Antworten vor.

Eine Collage ist ...

Um eine Collage herzustellen, musst du ...

EA = Einzelarbeit
PA = Partnerarbeit
GA = Gruppenarbeit
PL = Plenum

02 Wie gestalte ich ein Plakat?

1 EA

Dein Lehrer hält einen kurzen Vortrag über Plakate. Es geht um Werbeplakate und um Lernplakate. Notiere auf einem Blatt wichtige Begriffe, um den Unterschied zwischen Werbeplakat und Lernplakat zu erklären. Übertrage deine Begriffe vom Blatt in die erste Spalte der Tabelle.

Werbeplakat, Lernplakat, Collage – kennst du die Unterschiede?

Plakate	
Meine Begriffe	Unsere gemeinsamen Begriffe
Werbeplakate	
Lernplakate	

2 PA

Vergleicht eure Begriffe. Welche Begriffe sind euch beiden gemeinsam wichtig? Tragt sie in die rechte Spalte der Tabelle ein.

EA = Einzelarbeit
PA = Partnerarbeit
GA = Gruppenarbeit
PL = Plenum

3 **EA**

Du hast erfahren, was ein Plakat und was eine Collage ist. Deine Freundin aus der Parallelklasse kennt den Unterschied nicht. Erkläre ihr in zehn Sätzen, wie sie die Begriffe unterscheiden kann. Folgende Begriffe können dir dabei helfen: *große Formate, Farbe, auffälliger Inhalt, Wirkung, Stückzahl, Druckfarben, Stifte, kurze Sätze, Zeichnungen, Bilder.*

Wie sich ein Lernplakat und eine Collage unterscheiden

Sprecht ab, wer Fotos, farbiges Papier und die Stifte mitbringt. Wer von euch kann besonders gut zeichnen? Vergesst nicht: Ihr gestaltet ein Plakat – keine Collage!

4 **GA**

Nachdem ihr euch theoretisch mit Lernplakaten beschäftigt habt, kommt die praktische Arbeit. Gestaltet zunächst einen Entwurf für ein Lernplakat zum Thema *Haustiere – ihre Vor- und Nachteile*. Diskutiert, welche Meinung euer Plakat ausdrücken soll, und welche Wirkung ihr erzielen wollt. Fertigt dann einen Entwurf an. Dazu erhaltet ihr von eurem Lehrer einen Bogen Papier im Format DIN-A3.

5 **GA**

Hängt euren Entwurf im Klassenraum auf. Beim Museumsrundgang könnt ihr feststellen, wie andere Gruppen ihre Plakate gestalten wollen.

6 **GA**

Setzt euch in eurer Gruppe zusammen. Diskutiert, ob euer Entwurf noch verbessert werden kann. Erstellt dann eine Materialliste. Haltet auf einem Blatt fest, was ihr braucht, um aus dem Entwurf ein gutes Plakat zu machen. Sprecht ab, wer die einzelnen Materialien besorgt und mitbringt (Fotos, farbiges Papier, Stifte oder kleine Zeichnungen). Teilt diese Aufgaben gerecht unter euch auf. Bittet nur bei schwer zu besorgenden Dingen euren Lehrer um Hilfe.

EA = Einzelarbeit
PA = Partnerarbeit
GA = Gruppenarbeit
PL = Plenum

03 Vom Entwurf zum Plakat

1 GA

Wählt einen Gruppensprecher. Er erhält von eurem Lehrer den Plakatbogen und eventuell zusätzliches Material, um das ihr ihn gebeten habt. Kontrolliert, ob ihr nun alles habt, was ihr braucht. Bestimmt einen Zeitwächter.
Übertragt den Entwurf auf das Plakatpapier. Überlegt zuvor, wer was macht (Zeichnungen anfertigen?, einzelne Teile, z. B. kurze Texte, getrennt herstellen?)

Wenn ihr beim Schreiben einen Fehler gemacht habt, überklebt mit Papier in der gleichen Farbe den Fehler, anstatt ihn durchzustreichen.

2 GA

Kommt in neuen Gruppen zusammen, nachdem alle Plakate aufgehängt worden sind. Jeder aus eurer Gruppe ist der Fachmann für das Plakat, an dem er mitgearbeitet hat. Besprecht die einzelnen Plakate. Ihr dürft zu eurem Plakat aber erst etwas sagen, nachdem sich eure Mitschüler dazu geäußert haben.

3 GA

Setzt euch wieder in der Gruppe zusammen, in der ihr euer Plakat gestaltet habt. Ihr erhaltet von eurem Lehrer eine **Checkliste** und ein fremdes Plakat. Bewertet mit Hilfe der Checkliste das Plakat. Übergebt die ausgefüllte Checkliste anschließend der entsprechenden Plakat-Gruppe. Euer Gruppensprecher steht für Fragen dieser Gruppe bereit.

4 GA

Ihr habt die Checkliste zu eurem Plakat erhalten. Was war gut? Was haben die Mitschüler kritisiert? Könnt ihr die Rückmeldung verstehen und akzeptieren?
Wenn es noch Fragen gibt, wendet euch an den entsprechenden Gruppensprecher.
Verständigt euch darüber, was ihr an eurem Plakat verbessern würdet.

Halte fest, was dir im Rückblick zur Plakatgestaltung auffällt:

Das war gut an unserem Plakat:

____

____

____

Das würde ich beim nächsten Plakat besser machen:

____

____

____

Für mich war wichtig:

____

____

EA = Einzelarbeit
PA = Partnerarbeit
GA = Gruppenarbeit
PL = Plenum

04 Wie bewerte ich ein Lernplakat?

1 EA

Lies den Text *Ein gutes Lernplakat.* Markiere danach so, dass auf einen Blick deutlich wird, was für die Bewertung eines Lernplakats wichtig ist.
Erstelle einen Spickzettel, der die acht bis zehn wichtigsten Begriffe (die Bewertungskriterien) enthält.

Ein gutes Lernplakat

Es gibt viele Plakate und ebenso viele Meinungen darüber, was ein gutes und ein schlechtes Plakat ist. Tauscht man sich mit Freunden über die Qualität eines Werbe-Plakates aus, muss man sich fragen, was einem persönlich gefällt und was nicht. Dabei geht es nicht um „richtig" oder „falsch". Das Urteil hat viel mit dem eigenen Geschmack und dem Bauchgefühl zu tun – da denkt man nicht genau nach.
Die Schwierigkeit bei der Beurteilung von *Lernplakaten* besteht darin, aus dem persönlichen Eindruck eine Note zu ermitteln. Diese Note sollte fair und nachvollziehbar sein. Sie darf eben nicht vom eigenen Geschmack oder der momentanen Stimmung abhängen.

Damit eine Beurteilung nicht zufällig, sondern gerecht und vergleichbar geschieht, muss man sich auf ein gemeinsames Verfahren einigen. Und für dieses Verfahren eignen sich Bewertungsbögen.

Zunächst sollte man festlegen, worauf man bei jedem Lernplakat achtet. Ein Bewertungsbogen enthält Angaben dazu, was man überprüft. Diese einzelnen Beobachtungspunkte nennt man auch „Kriterien".

Im Folgenden sind einige Kriterien ungeordnet aufgeführt.

Ist das Plakat übersichtlich? Kann man einen Aufbau erkennen? Sind die Überschriften hervorgehoben? Enthält das Plakat viele Fehler, die beim Lesen stören? Verwenden die Verfasser des Lernplakates eigene Materialien oder Zeichnungen? Ist der Inhalt richtig? Kann man alles verstehen?

Man überlegt sich, welche der Kriterien wichtig und welche weniger wichtig sind. Am besten ist, man stellt sie in Paketen zusammen. Dann weiß man, welche übergeordneten Punkte von Bedeutung sind.

Ist der Inhalt besonders wichtig oder soll das Aussehen entscheiden? Wie legt man die Gesamtnote fest? Dabei hat es sich bewährt, für die einzelnen Kriterien Unterpunkte festzulegen und diesen Noten zuzuordnen. Dann zählt man alle Teilnoten zusammen und verrechnet sie zu einer Gesamtnote. Am Schluss sollte man noch einmal überprüfen, ob die Teilnoten richtig bemessen sind.

Mit einem **Spickzettel** kannst du dir den **Inhalt** eines Textes **einprägen**. Ein Spickzettel darf **maximal 10–15 Wörter, aber unbegrenzt Zeichen und Symbole** enthalten. Er hat meist das Format **DIN A7**, das ist die Hälfte von einer Postkarte.

2 PA

Erklärt euch mit Hilfe eurer Spickzettel, was für die Bewertung von Lernplakaten wichtig ist.
Ordnet eure Spickzettel-Begriffe in die erste Spalte der Tabelle im „Entwurf für einen Bewertungsbogen" auf S. 21 ein.

ENTWURF FÜR EINEN BEWERTUNGSBOGEN FÜR LERNPLAKATE

Bogen ausgefüllt von:	für Schüler/ Plakat Nr. ...	für Schüler/ Plakat Nr. ...	für Schüler/ Plakat Nr. ...

1	**Gliederung/Aufteilung**			
2	**Inhalt**			
3	**Gestaltung/Layout**			
4	**Rechtschreibung**			
5	**Anmerkungen**			
6	**Summe der Noten**			
	Gesamtnote (Summe durch 10)			

3 GA

Vergleicht eure Ergebnisse. Diskutiert, ob ihr dem Bewertungsbogen noch etwas hinzufügen möchtet. Dazu könnt ihr auch die Checkliste aus der vergangenen Stunde nutzen.

EA = Einzelarbeit
PA = Partnerarbeit
GA = Gruppenarbeit
PL = Plenum

Mit Hilfe einer Mind-Map kannst du komplizierte Sachverhalte und Gedanken mit einem Blick erfassen!

05 Mind-Maps: Ordnung im Kopf

1 EA

Bearbeite Text 1: „Wie funktioniert eine Mind-Map? **oder** Text 2: „Wie erstelle ich eine Mind-Map?“ mit den dir bekannten Arbeitsschritten zur Texterschließung [(lesen, unbekannte Wörter unterstreichen, markieren, Begriffe notieren usw.)].

Text 1: Wie funktioniert eine Mind-Map?

Der englische Begriff Mind-Map lässt sich mit dem deutschen Wort „Gedanken-Landkarte“ übersetzen. Diese Arbeitsweise hat große **Vorteile**. In einer Mind-Map ordnet man Gedanken, die man sich zu einem Thema macht. Mit einer Mind-Map kann man auch den Inhalt eines Textes übersichtlich darstellen. Aus einem Buchstabenwurm, der vom Anfang bis zum Ende gelesen werden muss, wird so ein Bild.

Seit man weiß, dass in unserem **Gehirn** bestimmte Gebiete für bestimmte Aufgaben verantwortlich sind, überlegt man sich, wie man diese „Spezialisten“ im Gehirn einsetzen kann. Es gibt – sehr grob gesagt – zwei Abteilungen: Eine Hälfte konzentriert sich auf die Informationen, die durch die Sprache vermittelt werden. Die andere Hälfte ist für bildhafte Informationen zuständig, die wir mit den Augen wahrnehmen. Versucht man sich Themen und Inhalte nur über Sprache zu merken, bleibt die Hirnhälfte für bildhafte Eindrücke ohne Arbeit. Verbindet man aber Sprache und Bilder, arbeitet unser Gehirn auf Hochtouren. Das Gedächtnis wird nämlich auf breiter Basis mit Informationen gefüttert. Diese Informationen bleiben im Gedächtnis haften, wenn man sie nicht als lange Sätze, sondern wie ein Bild, eben wie eine „Gedanken-Landkarte“ abspeichert.

Damit das funktionieren kann, muss das Gehirn die Begriffe in einer bestimmten Anordnung wie ein Bild lesen können. Es muss übergeordnete Sammelbegriffe erkennen und dazu die passenden Unterbegriffe verbinden. Das funktioniert, wenn man die Begriffe nach Wichtigkeit ordnet (siehe Mind-Map auf S. 23).

Text 2: Wie erstelle ich eine Mind-Map?

Eine Mind-Map oder „Gedanken-Landkarte“ zu erstellen, sei ganz einfach, sagen die, die damit arbeiten.

Man benötigt einige **Werkzeuge**: Papier und Stifte. Es darf ruhig ein Bleistift dabei sein und ein Radiergummi schadet auch nicht. Denn am Anfang wird viel probiert, gestrichen und neu angesetzt. Farbige Stifte (Marker, Filzstifte) sind gute Helfer. Bunte Klebepunkte und Pfeile helfen, die Mind-Map übersichtlich zu gestalten.

EA = Einzelarbeit
PA = Partnerarbeit
GA = Gruppenarbeit
PL = Plenum

Zum Aufbau: Zu Beginn schreibt man den Titel der Mind-Map in Großbuchstaben in die Mitte des Blattes und umrahmt ihn. Er sollte kurz und sehr genau sein. Alle weiteren Punkte werden davon abgeleitet. Nun folgen Linien, die vom Rahmen weg nach außen führen. Auf die Linien schreibt man wichtige Begriffe in großen Druckbuchstaben. Man verwendet, wenn möglich, ein Hauptwort. Das ist leicht zu merken. Wenn einem nicht sofort das passende Hauptwort einfällt, kann man immer noch ein besseres nachtragen. Von diesem Hauptwort oder Oberbegriff gehen dünnere Linien nach außen. Auf diesen Linien stehen die Unterbegriffe. Sie werden in kleinen Druckbuchstaben geschrieben. So entsteht allmählich ein Bild, das von innen nach außen gelesen werden kann.

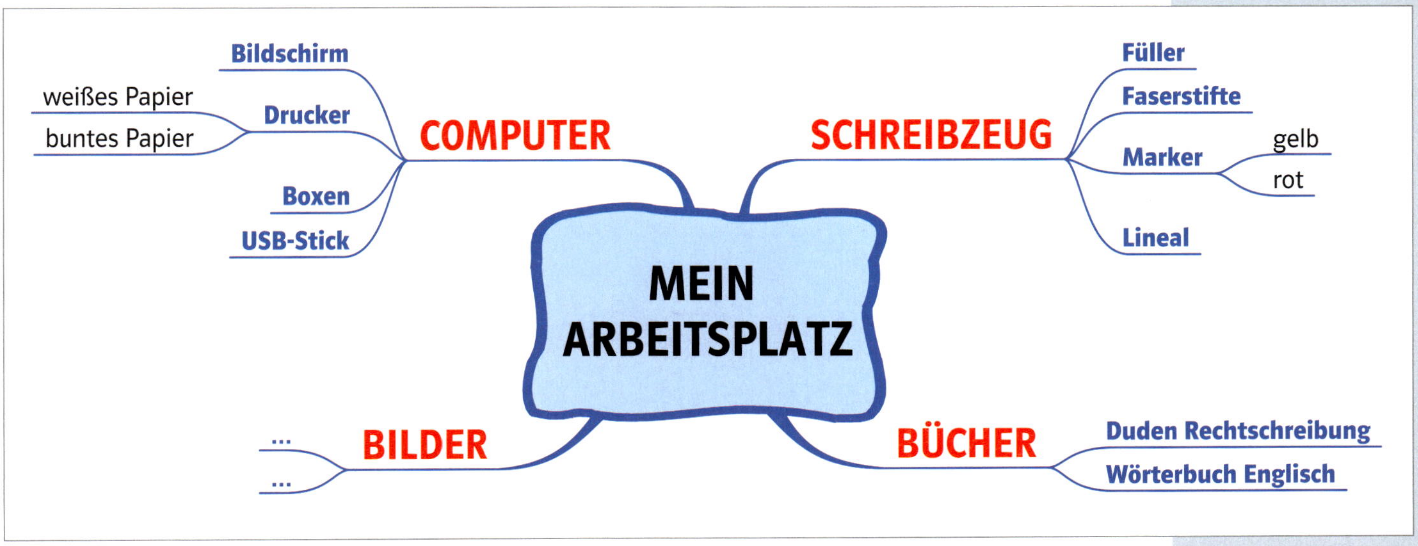

2 PA

Vergleicht eure Arbeitsergebnisse mit einem Partner, der den gleichen Text hat. Habt ihr alles verstanden? Was muss noch geklärt werden?

3 GA

Stellt euch gegenseitig den Inhalt der Texte vor, die ihr bearbeitet habt. Schreibt die wichtigen Begriffe aus beiden Texten auf Klebezettel oder Karteikarten. Ordnet die Zettel/Karten so, dass daraus eine Mind-Map entsteht. Beginnt damit, dass ihr in die Mitte einen Zettel oder eine Karte mit dem Titel UNSERE MIND-MAP legt. Beachtet folgende Hinweise:

- Farben können Bereiche und Begriffe, die zusammengehören, besser zeigen.
- Pfeile, kleine Zeichnungen, Zeichen und Bilder unterstützen eure Informationen.
- Eine gelungene Mind-Map hat einen klaren Gedankengang und bleibt leicht im Gedächtnis haften.

Hängt eure entstandene Mind-Map auf. Ihr habt nun Gelegenheit, sie mit den Mind-Maps eurer Mitschüler zu vergleichen.

Eine **Mind-Map** wird gut, wenn ihr viel ausprobiert. Ihr könnt Begriffe entfernen und neue einfügen. Mit Zeichnungen, Symbolen und verschiedenen Farben wird eure Mind-Map zum Kunstwerk.

EA = Einzelarbeit
PA = Partnerarbeit
GA = Gruppenarbeit
PL = Plenum

06 Mit dem Computer Mind-Maps erstellen

1 PA

Ihr erfahrt in einem Lehrervortrag, wie das Programm *FreeMind* gestartet wird. Ihr könnt mit diesem Programm Mind-Maps am Computer erstellen, speichern, ausdrucken oder mit einem Beamer der Klasse zeigen. Erforscht das Programm. Nutzt die abgebildete Mind-Map „ERSTE SCHRITTE MIT FREEMIND" als Hilfe.

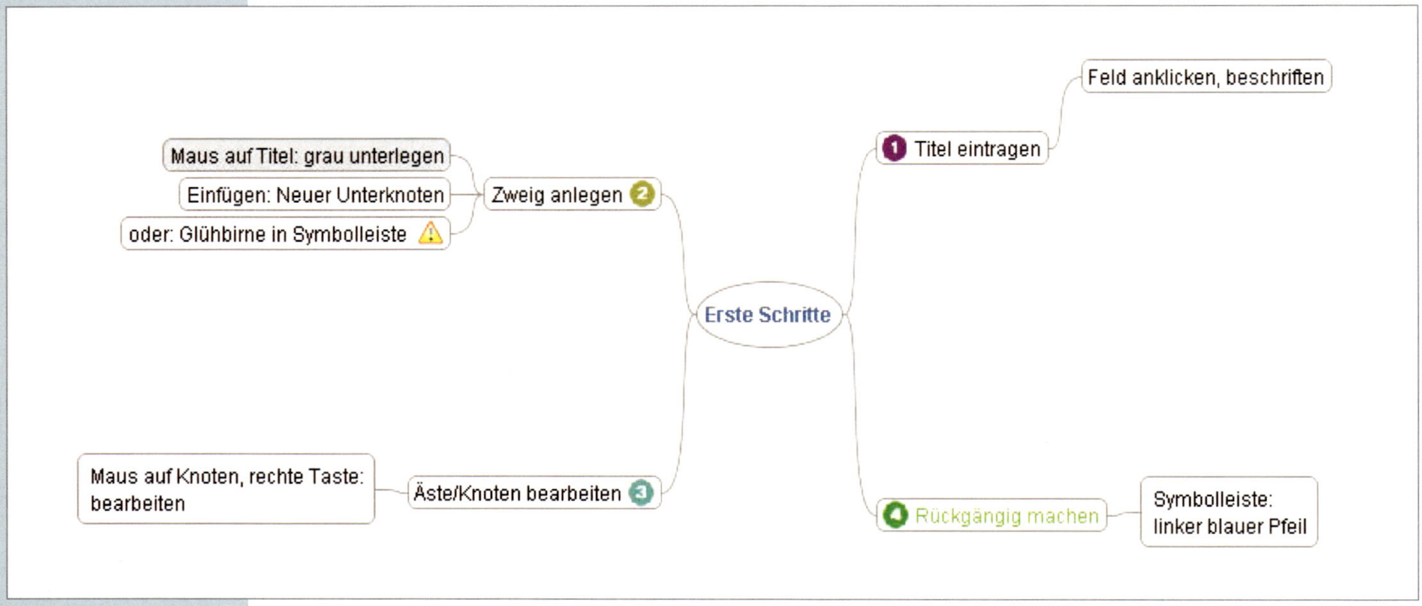

2 PA

In der letzten Stunde habt ihr Mind-Maps zum Thema „Unsere Mind-Map" mit Stiften und Papier erarbeitet und mit Punkten bewertet.
- Erstellt aus dem besten Ergebnis eine digitale Mind-Map.
- Speichert die Mind-Map ab. Verwendet als Dateinamen: *Unsere-Mind-Map_01_Name_Name*

3 PA

Öffnet die Kopie der abgespeicherten Mind-Map. Probiert aus, wie ihr die Mind-Map besser gestalten könnt:
- Wählt für jeden Ast/Knoten eine eigene Farbe (Menü: Format).
- Fügt zu jedem Hauptast/Knoten ein Symbol ein.
- Gestaltet die Äste/Knoten als Wolke (Einfügen: Wolke).

4 PA

Erstellt eine Mind-Map mit dem Titel „Mit sechs Klicks zur Mind-Map", die zeigt, wie man in wenigen Schritten mit *FreeMind* zu einer übersichtlichen Mind-Map kommt. Es können auch mehr als sechs Schritte dahin sein.

EA = Einzelarbeit
PA = Partnerarbeit
GA = Gruppenarbeit
PL = Plenum

07 Richtig suchen im Internet

1 EA

Lies den Text „Wo bin ich hier?" aufmerksam durch. Markiere so, dass auf einen Blick deutlich wird, wie Jonas vorgeht.

Wo bin ich hier?

Jonas hat als Hausaufgabe für den Deutschunterricht zu erledigen:
Erkläre, was man unter dem Begriff „Ballade" versteht. Er startet den Computer, denn er will schnell fertig sein. Er gibt in die Suchmaschine *Google* den Begriff „Ballade" ein. Die Suchmaschine hat 793.000 Ergebnisse gefunden. Das erste Ergebnis lautet: Songs for Lovers
Eine großartige Kollektion vieler zeitloser Love-Songs. Nur hier!
Das hat Jonas nicht gesucht! Die zweite Adresse klingt nach Schule!
Lehrerfreund – Ballade – Theorie und Didaktik (Skripte)
Ballade im Unterricht – ausführliches Skript ... Die Krise der Ballade ist vorbei!
www.lehrerfreund.de
Jonas findet dort einige Informationen. Vor allem Angebote, welche Bücher man zum Thema kaufen kann. Das war aber nicht sein Ziel.
Der dritte Eintrag führt ihn zu *Wikipedia:* Ballade – Wikipedia
Dieser Artikel behandelt die Ballade in Literatur und Kunstmusik. ... Jahrhundert ist eine Ballade ein strophisches gesungenes Tanzlied, das der Tänzelnde ...
de.wikipedia.org Im Cache
Schon besser! Aber wirklich gut? Er kann die Sprache, die auf diesen Seiten benutzt wird, nicht wirklich verstehen. Wo gibt es etwas zu diesem Thema, das für Kinder und Jugendliche gemacht ist? Er sucht weiter!
Jonas erinnert sich, dass es die *Blinde Kuh* gibt. Und tatsächlich spuckt die Suchmaschine aus: http://www.blinde-kuh.de. Er findet einiges über Goethe und seine Balladen, aber interessanter sind da die Geschichten, die von Jugendlichen geschrieben und veröffentlicht wurden. Die Geschichte „Katzen in Gefahr" gefällt ihm besonders gut. Er fängt an zu lesen.
Da war ja noch die Hausaufgabe! Vielleicht geht es mit dem Lesebuch oder einem Lexikon schneller?
Für Biologie muss er noch beschreiben, wie das Ohr aufgebaut ist. Er soll herausfinden, was im Ohr der „Hammer" ist. Vielleicht hilft da das Internet. Er gibt den Begriff „Ohr" in die Suchmaschine ein! Das Ergebnis: 928.000 Einträge. Nicht schon wieder! Er überlegt, was suche ich genau? Er gibt ein: „Aufbau Ohr". Ergebnis: 42.000 Einträge. Und schon gleich die erste Seite http://www.barotrauma.de/medizin/ohr1.htm erweist sich als Treffer. Eine wunderschöne Abbildung mit guten Erklärungen.
Es gibt bestimmt noch bessere Informationen. Mit dem Eintrag „Ohr Hammer Aufbau" findet er eine Seite (http://www.blinde-kuh.de/bksearch.cgi) mit einem Video. Es handelt sich um eine Reise durchs Ohr. Auch die Aufgabe des Hammers wird erklärt. Jonas kann sich nun vorstellen, wie es funktioniert.
Um es wirklich zu verstehen, muss er das Video mehrmals ansehen und genau beobachten, nachdenken und selbst einen Text schreiben, ja sogar eine Zeichnung anfertigen. Aber jetzt ist alles klar! Diese Hausaufgabe will er in der Klasse vorstellen. Und er will genau angeben, welche Seite er benutzt hat: www.blinde-kuh.de/bksearch.cgi und zwar am 09.06.08.

EA = Einzelarbeit
PA = Partnerarbeit
GA = Gruppenarbeit
PL = Plenum

Welche Suchbegriffe hat Jonas am Anfang und am Ende eingegeben, als er etwas über den Hammer im Ohr wissen wollte?

2 EA

Wie ist Jonas vorgegangen? Was hat er gut gemacht?
Was hätte er besser machen können? Notiere deine Meinung:

Gut gemacht hat Jonas: ______

Besser machen könnte Jonas: ______

3 PA

Vergleicht, was ihr zum Verhalten von Jonas herausgefunden habt. Gebt ihm Tipps, damit er mit dem Internet sicher und schnell zum Ziel kommt.

Tipps: ______

4 PA

Schreibt Jonas einen Brief. Teilt ihm darin mit, welche Tipps ihr für ihn habt.

Lieber Jonas,

ich habe gelesen, was du bei deiner Suche im Internet erlebt hast.

5 GA

Gestaltet ein Plakat oder eine Mind-Map mit dem Thema „Richtig suchen im Internet“. Folgende Begriffe sollten in eurem Produkt enthalten sein: *Suchbegriffe festlegen, Zeit, geprüfte Seiten, Ergebnisse vergleichen, Quellen angeben, …*

EA = Einzelarbeit
PA = Partnerarbeit
GA = Gruppenarbeit
PL = Plenum

08 Sicher chatten im Internet

1 EA

Du hast viele Möglichkeiten, im Internet mit anderen Menschen Kontakt aufzunehmen. Du kannst z.B. E-Mails verschicken oder einen Chatroom besuchen. Sicher hast du eigene Erfahrungen gemacht oder von Mitschülern gehört, was das ist und wie es funktioniert. Man trifft viele Menschen, die gerade online sind und sich unterhalten. Das ist interessant, manchmal spannend, aber nicht immer schön. Um Spaß beim Chatten zu haben, muss man einige Regeln beachten.
Lies die folgenden Aussagen und kreuze an, ob die Aussagen deiner Meinung nach stimmen oder nicht.

	Aussagen:	**stimmt**	**stimmt nur zum Teil**	**stimmt eher nicht**	**stimmt nicht**
1	Beim Chatten trifft man nur nette Menschen.				
2	Man sollte beim Chatten nicht alles glauben, was geschrieben wird.				
3	Man findet immer ein interessantes Thema.				
4	Man sollte schnell die privaten E-Mails austauschen.				
5	Es gibt Chatrooms speziell für Kinder und Jugendliche.				
6	Beim Chatten sollte man sich eine Zeitgrenze setzen.				
7	Chatten kostet kein Geld.				

2 PA

Stellt euch gegenseitig eure Einschätzungen vor und begründet diese. Diskutiert die Aussagen, bei denen ihr unterschiedlicher Meinung seid.

3 PA

Euer Lehrer teilt euch eine der sieben oben stehenden Aussagen zu. Schreibt auf dieser und der nächsten Seite auf, was ihr zu dieser Aussage zu sagen habt. Begründet eure Meinung. Im nächsten Arbeitsschritt müsst ihr eure Meinung der Klasse vorstellen.

Hast du selbst noch nicht gechattet?
Suche dir einen Diskussionspartner, der im Chatten geübt ist.

Die Aussage:

____

____

Unsere Meinung, unsere Begründung:

____

____

EA = Einzelarbeit
PA = Partnerarbeit
GA = Gruppenarbeit
PL = Plenum

4 EA

Das Infoblatt „Sicherheitstipps: Lass dir nichts gefallen!“ enthält Regeln, die du beim Chatten unbedingt beachten solltest. Lies die Regeln genau durch. Notiere deine Fragen unten.

Sicherheitstipps: Lass dir nichts gefallen!

Halt dich an unsere Sicherheitstipps – dann haben Pöbler und Machos im Chat keine Chance!

- **Denk dir einen guten Spitznamen aus! Er sollte nicht zu viel über dich verraten.**
- **Check den Chat! In guten Chats gibt es z.B. immer Moderatoren.**
- **Sei misstrauisch, denn du weißt nicht, wer da am anderen Ende sitzt!**
- **Gib nie persönliche Daten preis und verschicke keine Bilder von dir! Du weißt nicht, was der andere damit anstellt.**
- **Triff dich nicht mit Leuten aus dem Chat! Man kann nie wissen, wer der andere wirklich ist.**
- **Brich unangenehme Dialoge ab! Benutze den Ignore-Button und bitte einen Moderator um Hilfe, denn damit kannst du auch andere schützen.**
- **Sprich mit deinen Eltern über unangenehme Erfahrungen!**

Deine Fragen zu den Tipps:

5 PA

In der folgenden Auflistung „Internetseiten für Kinder und Jugendliche“ findet ihr gute Internetseiten für Kinder und Jugendliche mit einem kleinen Kommentar. Neben Informationen zu vielen Themen enthalten einige Seiten **Suchfunktionen** und **Chatrooms.** Schaut euch zwei Seiten genau an. Überprüft, ob der Kommentar zu den jeweiligen Seiten stimmt. Beurteilt die beiden Internetseiten.

EA = Einzelarbeit
PA = Partnerarbeit
GA = Gruppenarbeit
PL = Plenum

INTERNETSEITEN FÜR KINDER UND JUGENDLICHE

kein Risiko
Kindernetz:
www.kindernetz.de

Angebot im Rahmen der Internetseite Kindernetz des Südwestrundfunks für Kinder bis 14 Jahre. In der Chatiquette wird darauf hingewiesen, dass Erwachsene im Chat „nichts zu suchen haben“. Kindgerechte und übersichtliche Aufmachung. Der Chat verfügt über Funktionen, die für Kinder hilfreich sind.

kein Risiko
Seitenstark:
www.seitenstark.de

Gemeinsames Projekt der AG Vernetzter Kinderseiten Seitenstark. Der Chat wird in Kooperation mit der Universität Leipzig durchgeführt. Funktionen und Handhabung sind auf das Wichtigste beschränkt. Jeder Chatter kann sich beim Einloggen einen kleinen Avatar aussuchen, der vor seinem Nick zu sehen ist. Ebenso gibt es die beliebten Smileys.

kein Risiko
Tivi-Treff:
www.tivi.de

Angebot auf der Internetseite Tivi des ZDF. Der Chat ist übersichtlich und kindgerecht gestaltet. Hilfreiche Funktionen für Kinder: z. B. kann man die Schnelligkeit des Textflusses individuell einstellen. Die Chats finden zu festgelegten Themen (z. B. Traumberufe) statt.

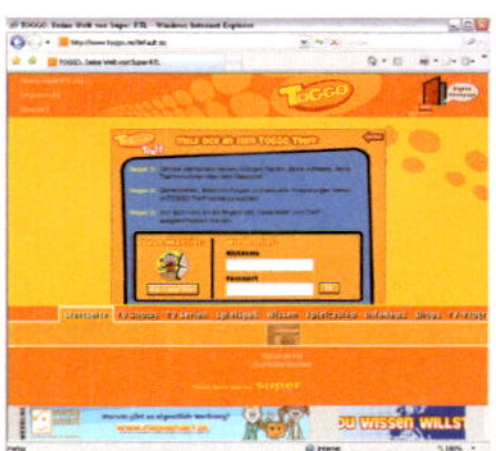

kein Risiko
Toggo-Treff:
www.toggo.de

Angebot des TV-Senders SuperRTL. Die Aufmachung ist kindgerecht, bunt und ansprechend gestaltet. Es ist leider schwierig, in den Chat zu kommen, da er oft überfüllt ist. Die Atmosphäre im Chat ist aufgrund der großen Teilnehmerzahl lebendig.

6 PA

Gestaltet am PC für eine Internetseite einen eigenen Steckbrief.
Orientiert euch am hier abgedruckten Beispiel.

STECKBRIEF: Unser Urteil zur Seite

Genaue Adresse: ______________________________

Was bietet die Seite (Suchfunktion, Chat)? Spaßfaktor – Lernfaktor?

____

____

Ist die Aufmachung/Gestaltung gut?

____

____

Gute Links? ______________________________

Unser Urteil: ______________________________

EA = Einzelarbeit
PA = Partnerarbeit
GA = Gruppenarbeit
PL = Plenum

09 Gesucht – gefunden: Informationen aus dem Netz

1 PA

Detektive im Netz: Bearbeitet fünf Suchaufträge für das Internet aus der Liste. Schreibt genau auf, wie ihr vorgegangen seid. Notiert die Seite, auf der ihr das Ergebnis gefunden habt. Beantwortet in Stichworten den Suchauftrag. Sollte es die aufgeführten Seiten nicht geben, wendet euch an euren Lehrer.

Liste der Suchaufträge:

1. In welchem Zoo gibt es ein Streichelgehege?
   http://www.blinde-kuh.de/tiere/zoos
2. *Wo drückt denn der Schuh?* Was bedeutet diese Aussage?
   http://www.geo.de/GEOlino
3. Wie funktioniert *mokitown*?
   http://www.mokitown.de
4. Was sind Computerviren?
   http://www.internet-abc.de
5. Was sind *Netiquette* oder *Netikette*?
   http://www.internet-abc.de
6. Wie funktioniert das *Sternenspiel*?
   http://www.kindernetz.de
7. Die Internetseiten des *Harry-Potter-Fan-Clubs* kann man in 14 Sprachen erleben. Nenne zehn davon.
   http://www.hp-fc.de
8. Was ist das Top-Thema bei *ZDF Wissen*?
   http://www.tivi.de/infosundtipps/index.html
9. Wie heißen die *Internauten*?
   http://www.internauten.de
10. Wie viele Knochen hat der Mensch?
    http://www.medizity.de
    Tipp: Fitness-Studio/Medi-Quiz

2 PA

Formuliert selbst drei Suchaufträge für Mitschüler. Die Lösung muss auf einer der Internetseiten zu finden sein, die oben in der Liste der zehn Suchaufträge angegeben ist. Notiert euch die genaue Bezeichnung der Internetseite, den Weg dorthin und die Lösung.

Beispiel: http://www.tivi.de/infosundtipps/selbermachen/artikel/22608/index.html

3 GA

Stellt euren Auftraggebern das Ergebnis vor. Welchen Weg habt ihr gewählt? Vergleicht euer Ergebnis mit dem Lösungsvorschlag der Auftraggeber.
Haltet fest, was beim Suchen schwierig war und was geholfen hat. Formuliert Tipps, wie man bei der Internetsuche am besten vorgeht.

EA = Einzelarbeit
PA = Partnerarbeit
GA = Gruppenarbeit
PL = Plenum

10 Das kann ich jetzt – so will ich noch üben

1 EA

Du hast in den letzten Stunden viele Themen und Inhalte kennen gelernt. Damit du einschätzen kannst, ob du dir viel oder wenig merken konntest, und alles verstanden hast, fülle den Bogen sorgfältig aus.

	Arbeitsfelder	+++	++	+
1	Ich kann den Unterschied zwischen Plakat, Lernplakat und Collage erklären.			
2	Ich kann aufschreiben, was ich brauche, um ein Lernplakat herzustellen.			
3	Ich kann genau sagen, wie ich Lernplakate bewerte.			
4	Ich kann beschreiben, warum und wie man mit Mind-Maps arbeitet.			
5	Ich kann Mind-Maps mit einem Computerprogramm erstellen.			
6	Ich kann mindestens drei gute Internetseiten für Kinder und Jugendliche nennen.			
7	Ich weiß, wie ich im Internet nach Themen suche, ohne den Überblick zu verlieren.			
8	Ich weiß, wie man die Quellen zu Texten und Bildern aus dem Internet richtig notiert.			
9	Ich kann aufschreiben, was man beim Chatten beachten muss.			
10	Ich kann Suchaufträge formulieren und mit Erfolg bearbeiten.			

+++ gut ++ weniger gut + zum Teil

2 PA

Erkläre deinem Partner, wie du deinen Lernstand einschätzt. Überlegt gemeinsam, was ihr in die Spalte „So will ich üben" auf S. 32 eintragt. Denkt dabei an konkrete Übungsaufgaben.

EA = Einzelarbeit
PA = Partnerarbeit
GA = Gruppenarbeit
PL = Plenum

3 EA

Notiere im Arbeitsplan, was du wann üben möchtest. Überlege, wer dir dabei helfen soll.

	Arbeitsfelder	So will ich üben.	Wann?	Mit wem?
1	Plakat, Lernplakat und Collage erklären			
2	Lernplakate herstellen			
3	Lernplakate bewerten			
4	mit Mind-Maps arbeiten			
5	Mind-Maps mit einem Computerprogramm erstellen			
6	Internetseiten für Kinder und Jugendliche nennen			
7	im Internet nach Themen suchen			
8	Quellen zu Texten und Bildern richtig angeben			
9	gefahrlos chatten			
10	Suchaufträge formulieren und gezielt erledigen			

4 PA

Besprecht eure Arbeitspläne. Es geht nicht um eine gute oder schlechte Note. Es geht darum, dass ihr beim Lernen erfolgreich seid. Jeder sollte seine Stärken und Schwächen kennen. Wenn ihr das Bedürfnis nach einem Beratungsgespräch mit eurem Lehrer habt, bittet ihn um einen Gesprächstermin.

EA = Einzelarbeit
PA = Partnerarbeit
GA = Gruppenarbeit
PL = Plenum